Título del original alemán: *Ein Jahr mit den Kranichen*
Traducción de L. Rodríguez López
© 2020, Gerstenberg Verlag, Hildesheim, Germany
© para España y el español: Lóguez Ediciones 2022
Todos los derechos reservados
Printed in Spain: Grafo, S.A.
D.L.: S 292-2022
ISBN 978-84-124914-3-2
www.loguezediciones.es

Thomas Müller

Un año con las grullas

Lóguez

Es un frío día de comienzos de marzo. En la niebla de
la mañana, se van haciendo visibles dos grandes pájaros.
Realizan extraños movimientos. Brincan, aletean y se
mueven en círculos. Danzan.

Una grulla macho corteja a su pareja. Aunque están juntos desde hace ya tres años, cada año llevan a cabo el mismo ritual. La pareja se mueve en completa armonía, como si fueran dos bailarines.

Ese ballet tiene su punto álgido y final en el apareamiento de los dos pájaros.

Sobre una pequeña elevación en las pantanosas aguas, allí donde la profundidad llega hasta la rodilla, las grullas construyen su nido. Con sus largos y afilados picos, arrancan de las proximidades hierbas, juncos y cañas, que amontonan formando un voluminoso nido.

Poco después de haber terminado el nido, la grulla hembra pone
dos huevos con una diferencia de pocos días. Uno de los dos
pájaros se mantiene siempre en el nido. Con mucho cuidado, van
dando la vuelta a los huevos para que se calienten por todas
partes. Durante la incubación, los dos pájaros se alternan en el
nido para que ambos puedan ir en busca de comida.

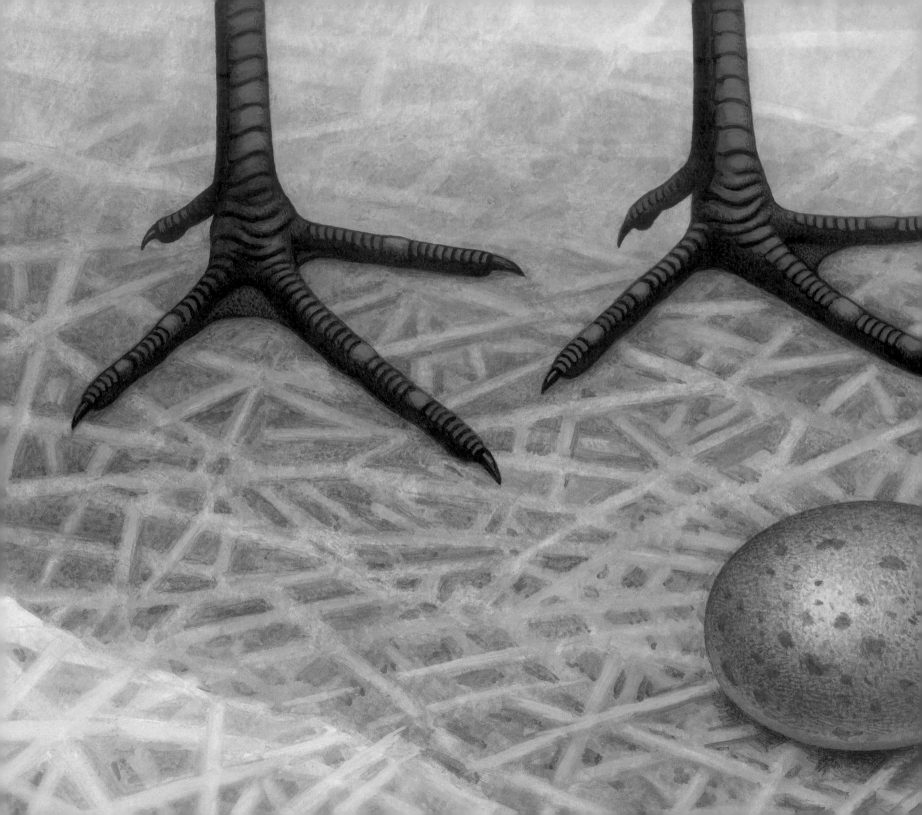

A las cuatro semanas, sale del huevo el primer polluelo. Poco después, cuando el segundo se dispone a picar el cascarón desde dentro, la madre le ayuda. Con un suave golpe de la pata, rompe la cáscara y así ayuda a su descendiente en el camino hacia la vida.

Ya al día siguiente, los polluelos de grulla pueden ponerse de pie. En cuanto pueden caminar, los padres alejan a los polluelos del nido para la búsqueda conjunta de alimento. Por suerte, en las pantanosas aguas hay abundancia de insectos, lombrices, larvas y caracoles.

Los padres están atentos para proteger a sus descendientes de cualquier peligro. Los afilados picos de los pájaros pueden ser un arma peligrosa, de la que el zorro prefiere salir huyendo.

Después de diez semanas, los polluelos han alcanzado su pleno desarrollo físico. Todavía son fácilmente reconocibles por su plumaje marrón. En septiembre, las grullas de todos los alrededores se concentran en los prados cercanos para alimentarse lo más posible y así fortalecerse para el inmediato, largo viaje.

Una de las grullas comienza a emitir un sonido parecido a una trompeta y las otras la imitan. Como a una señal secreta, levantan todas el vuelo, una tras otra y, juntas, se dirigen en dirección sur a las zonas donde pasarán el invierno. Una y otra vez, emiten llamadas para mantenerse en contacto y no perderse.

Superan el agotador vuelo por etapas. Desde el centro de
Europa, su camino conduce a España a través de Francia.
Su vista es impresionante: sobrevuelan sin esfuerzo
campos, montañas, lagos y ríos a una altura hasta de
2000 metros y a una velocidad de entre 45 y 65
kilómetros por hora. En el camino, hacen descansos una
y otra vez.

Después de un vuelo de unas dos semanas, las grullas llegan a
España, su segunda patria. En Aragón, Extremadura, Andalucía y
Castilla-La Mancha, con sus extensos pastos, pasan el invierno,
que aquí es más suave. Aquí tienen abundante alimento y se
encuentran con viejas conocidas, que, a su vez, han escapado de
la temporada más fría del año.

Después de cinco meses bajo el sol de España, el reloj
biológico de los pájaros les advierte de su partida.
Nuevamente, las grullas se reúnen con sus características
llamadas para el viaje conjunto. Esta vez hacia el norte,
hacia sus zonas de reproducción.

A finales de febrero, las grullas regresan a su lugar de procedencia cual primeras mensajeras de la primavera y descubrimos en el cielo su característica formación en forma de v. Mientras la mayoría de las grullas vuelan en la estela de otras, para el pájaro en cabeza, el vuelo es especialmente estresante y, por eso, se van alternando entre sí con regularidad.

La danza de las grullas comienza de nuevo en sus viejas zonas de reproducción. Todavía se diferencian los pájaros jóvenes de los padres. Sin embargo, los jóvenes ya portan el espléndido plumaje y buscarán su pareja, con la que realizarán su ballet de las grullas, tan lleno de gracia y belleza.

De interés

La GRULLA COMÚN es el ave más grande de la familia de las grullas en Europa. Machos y hembras apenas se diferencian entre sí por su apariencia exterior. Ambos tienen una llamativa cabeza de color: la frente y el cuello son blanquinegros, la parte superior de la cabeza sin plumas es de un rojo brillante. Si una grulla adulta extiende sus casi dos metros y medio de largas alas, muestra la prolongación del adorno plumífero, que normalmente cuelga más allá de su cola, como la cola del vestido de una novia. Cuando realizan el baile de cortejo, se extienden de forma tupida y hacen que el ave parezca todavía más grande.

La zona de anidamiento de estas aves se encuentra sobre todo en el nordeste de Europa y Asia. Como ave migratoria, las grullas llegan a su cuartel de invierno a través de distintas rutas. Antes de su partida se reúnen frecuentemente miles de ejemplares en un espectáculo de la naturaleza único. Podemos ver este espectáculo especialmente bello en sus lugares de aprovisionamiento cuando están de camino en Alemania del Norte o a lo largo de la costa oeste del mar Báltico. Atravesando Europa, muchas grullas encuentran en Francia o en el centro y sur de España su cuartel del invierno. Una pequeña parte de ellas continúa su vuelo hacia el norte de África.

Las grullas pueden vivir más de veinte años e incluso hasta cuarenta en cautividad.

Como cuando las grullas están incubando son tan vigilantes y valientes, antiguamente a esta ave se la consideraba como símbolo de vigilancia, valor, inteligencia y precaución. Su belleza y su único baile de apareamiento ha fascinado a las personas de todas las épocas. El "pájaro de la felicidad", como también es llamado, se puede encontrar en cuentos, poesías y canciones y en dibujos, monedas y escudos de armas.

Estas cuatro grandes aves se clasifican dentro de las aves zancudas debido a sus patas zancudas y a su estilo de vida similar. Sin embargo, las grullas, las cigüeñas y las garzas no están emparentadas entre sí:

La GRULLA DAMISELA es algo más pequeña que la grulla común y es difícil distinguirlas desde lejos. Vive en el sureste de Europa e inverna en África.

En vuelo, la GARZA, a diferencia de las otras tres aves, encoge su largo cuello en forma de S. La garza se alimenta de peces, anfibios y ratones. A veces se la puede encontrar incluso en fuentes de agua en medio de las ciudades.

A diferencia de la grulla, la inconfundible CIGÜEÑA BLANCA forma parte de nuestra cultura y prefiere anidar cerca de las personas. Busca su alimento en prados y campos: ranas, insectos, ratones, lagartijas y serpientes.